落花集

THE POEMS OF TRANSIENCE

暮春歌人　著
Theodotus Young

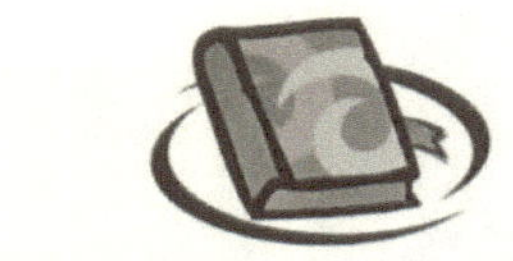

美商EHGBooks微出版公司
www.EHGBooks.com

EHG Books 公司出版
Amazon.com 總經銷
2019 年版權美國登記
未經授權不許翻印全文或部分
及翻譯為其他語言或文字
2019 年 EHGBooks 第一版

ISBN-13：978-1-62503-536-3

引言

本書分為三個部分「詩部」「歌部」和「詞部」。前兩部分皆以域外文學形式為參考引入中文，謂之新詩歌之嘗試，借以振興格律。後者則用傳統方式填詞，然而本人才疏學淺，若存謬誤，尚希見宥。

在這複雜的世界之中，我們用簡單的心回應著時空，或許人類終將泯滅，人性也一同沉淪，但是我們存在於現世，此時此刻便是時光最溫暖的陪伴。情感變化萬千且不可捉摸，而我們卻將其粗略地劃分並冠以名稱來減輕思考之負擔。這些隱約的情愫，若同春日光煥多姿之百花，繚人眼目，而我便在暮春之時輕柔地將滿地殘英收藏起來，如今呈現於你。

目錄

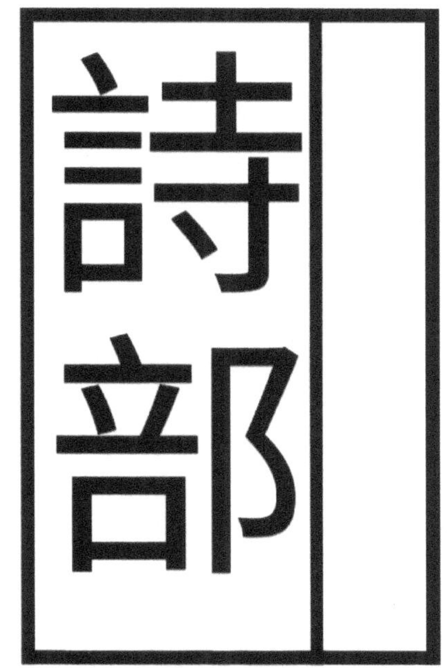
詩部

十言十四行

效仿英倫商籟體，共十四行。前十二行四行一組交韻，詩尾兩行疊韻。因為中文與英文差異較大，可放棄原本詩體音步之劃分，而中文格律可以每行第一，三，五字作為節點，前後上下平仄相反，有類賦文。有利於表達現當代新近之物與西學意向。白話文體與中華新韻為佳。

首一　吟遊詩人之死

卡羅拉玫瑰波爾多紅酒
彈奏起我最愛的魯特琴

宴飲歡歌於這黃昏時候
瘟疫悄然入侵真純之門

死神收割著濃郁的魂魄
城堡之外已是一片凋零

雅典娜在愚昧之中困惑
阿弗洛狄在媚俗前失聲

復活的殭屍在田野遊蕩
淪落之地捲起黑暗之風

末日當前人們放聲歌唱
沒有救世主和永恆光明

讓我為你彈奏一曲沉默
吟遊詩人那最後的輓歌

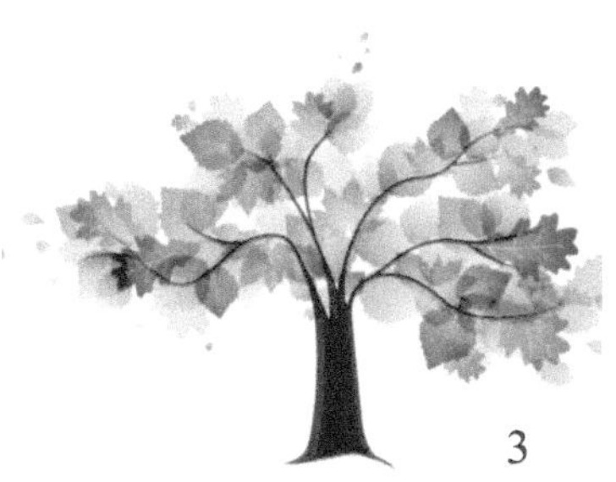

首二　聖彼得堡之夜

步行涅瓦河畔沐浴盛夏
玫瑰雲霞映染琉璃天穹

路邊華燈初上夜幕降下
遊人也沉醉於輕煦和風

喧鬧的酒吧陌生的街巷
迷失於光怪陸離的時空

把過往與將來全部遺忘
追逐著不可觸及的繁星

你我在生活的幻境相遇
期待已填滿了彼此的心

現實的擔憂你陷入猶豫
於是又一場無果的盼尋

請再給我一個最後的吻
明天我便是個無情的人

首三　高雄之海

柔軟的夏日愛河的船歌
碧藍的晴空旗津的沙岸

追逐遠方海風棕櫚婆娑
閃爍瀲灩波光如夢似幻

騎車跟隨太陽一同前行
在貝殼灘邊天后宮祈願

香火繚繞命運曖昧不明
望見海天之界白雲一片

悠緩的街市安寧的港灣
日以繼夜光陰停歇於此

沙與天與海與人與青帆
萬物交映聯動變化不止

斜陽掩面海中映照天涯
剪影之中陪伴荒廢燈塔

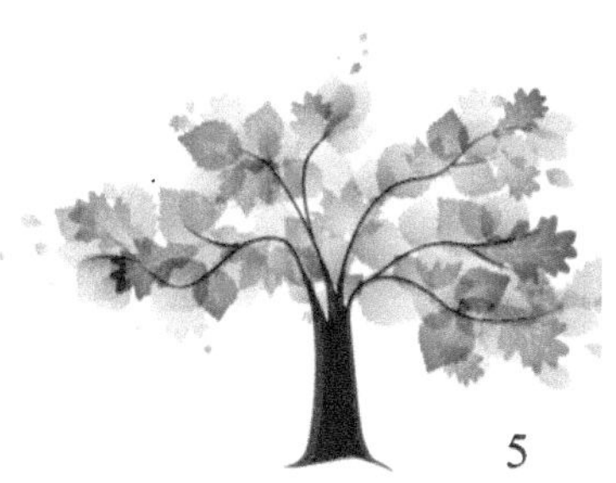

首四 咖啡館

貼坐窗邊外面車水馬龍
市中心咖啡館人來人往

提拉米蘇點綴鋼琴樂聲
意式濃縮陪伴燈火街巷

吧檯後的酒保滿臉倦容
續杯的陌生人目光迷惘

人們匆匆進來躲避寒冬
幾杯苦酒消盡種種惆悵

甜言蜜語灌溉荒蕪心田
熾熱幻想衝擊麻木肉體

香檳般的欲望永遠新鮮
過客的筵席卻終將散去

無意瞥見被遺忘的夜空
恍惚中呼吸時間的流動

首五　冥河

開啓鐫刻著符文的石門
四位黑衣騎士早已等候

穿行於骸骨與幽魂之森
繞過守護冥界三頭之獸

石榴樹下悔恨可以充飢
血水泉前哀怨也能解渴

什麼人依舊吹奏著魔笛
在枯井邊燃起不潔之火

遙見墮落者在虛偽之巓
泛舟度過冥河駛往彼岸

將這苦難灑遍遺忘之川
此後便是無盡自我欺騙

循環往復命運無法逃離
坦然直面於這永恆之力

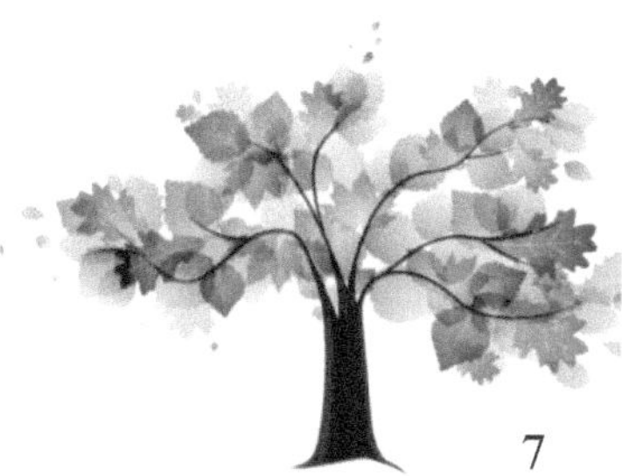

首六 沉睡之城

我望向海洋幽謐的深處
陰暗的水域荒蕪的沙原

翠綠夢境中喚起了迷霧
彌漫在這個未知的深淵

被遺忘所埋藏著的城市
所有人依舊在其中徘徊

脆弱的靈魂被暗影吞噬
吹響末日號角引來天災

我們行走於時間之邊界
殊不知卻已失足於虛無

醒來後依然窒息於幻滅
明知無果又是一場迷途

我不甘的心千百次呼喚
將潛入黑暗把光明歸還

首七　預言

聳入於紫藍霾霧的高廈
全息投影閃動的霓虹燈

隱蔽公寓中傳來的黑話
懸浮車駛過捲起電塵風

仿生人被發往月球礦場
城市群填滿了汙濁海洋

電子員警嚴格巡邏街巷
合成罪犯在虛擬中匿藏

被遺棄的核爆荒地之上
無政府主義者陷入野蠻

在蜂巢般格式塔太空港
集體主義者將人性絕緣

我們徘徊於永恆的夢幻
遙望那無盡深邃的星空

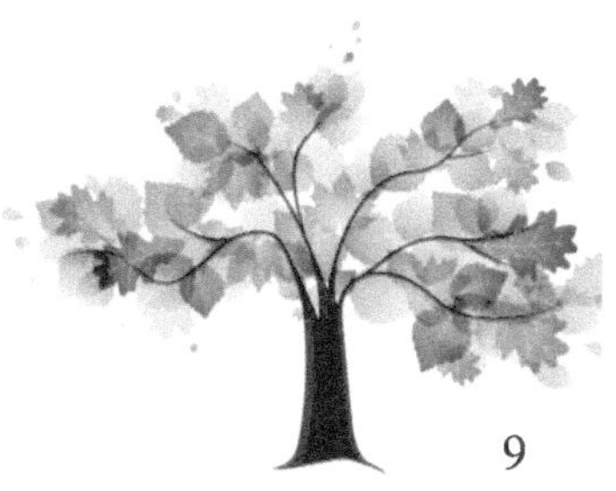

首八　江布拉克

青翠杉木佈滿曲折山岡
雪嶺聖泉流經百花峽谷

深空淺雲一輪盛夏金陽
蔚藍悠白凝結點滴晨露

騎馬登頂雨霰朦朧之巔
步遊幽林空寂悄愴之徑

青麥亭臺看盡風景萬千
遠山通天神明隱匿之境

尋覓簡單但虛假的歡愉
陷入複雜而真實的痛苦

消逝之物惹人分外憐惜
意義的光榮卻早已作古

上帝已死於這虛妄之火
堅守希望願你再度復活

首九　故鄉

淡粉色霜霞撒在雪山上
幽藍而高遠的廣袤晴空

夏日的夕陽喚醒了過往
連綿的山脈阻隔了初衷

駱駝商隊穿行絲綢之路
三十六國被時沙所掩埋

孔雀河畔胡楊仍在講述
曾經的故事心靈的徘徊

歲月參加羅布泊的葬禮
他為樓蘭蓋上最後面紗

且又在天山的耳邊低語
恩賜予人類易逝的韶華

只有博格達峰亙古未變
聖神而潔净的永恆之巔

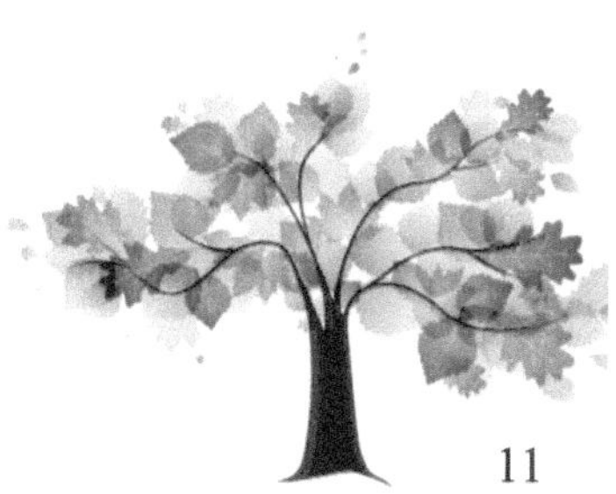

黑濁鐵水反射猩紅天空
凜冽海風吹襲未知生物

峽灣最深處可通往幽冥
綠邪極光穿透不祥之霧

原始的氣體彌漫於四周
陸地震動之音回蕩耳際

無法發聲被啃食的咽喉
間斷的意識參雜著恐懼

昏暗之中爆發灼熱強光
閉上眼睛浮現電離交錯

擡頭便望見暈眩的血陽
猛烈衝擊波將萬物屠殺

雖驚夢一場但不禁懷疑
是否是史前潛藏的記憶

首十一　玫瑰

青霜褪去了夏日的色澤
雨霧將枯黃花園所圍繞

墳邊的灌木血紅的哀歌
早秋的玫瑰最後的孤傲

絨軟的花瓣已褶皺乾癟
刺失去鋒芒細葉被蟲蛀

沒有了同伴夜鶯或粉蝶
只有殘破蛛網上的寒露

時間宣告了死刑的日期
你為什麼還執著地綻放

華美與憧憬同歸於往昔
這已逝的年華與誰分享

堅守著已不存在的未來
在北風摧殘中寧靜等待

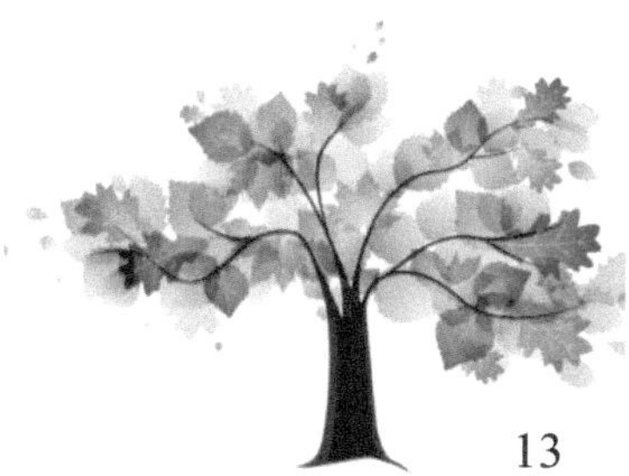

歌人部

漢製和歌

形制仿照和式短歌，其上句分為五，七，五音，下句雙七音。漸入中文，一字一音，故此轉化為五行三十一字。如若臻善音律，可以奇數字為節點，前後上下，平仄相異，同言行同韻。若為連歌，上句之中七言行，定調下句。古今音韻皆可，利言古風，類似詞格，亦可吟詠之。

首一　櫻歌

山櫻徑自開
暮春驚雷雨蒼茫
依舊盼君來

雨打風殘更寒涼
終將落盡無人賞

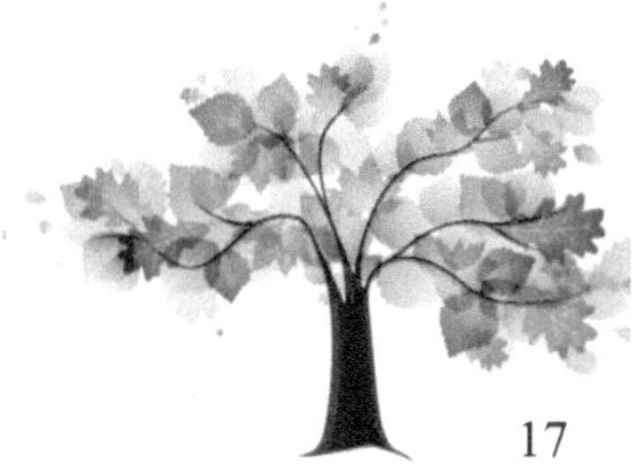

首二　柳歌

燕雙紛飛去
獨守一年春又至
問君知何處

霞雲晚照隨風逝
滿心思念柳一枝

首三　春歌

今春勿復來
雪融梅敗我心憂
來而送更哀

往復年年幾時休
春光不知長相守

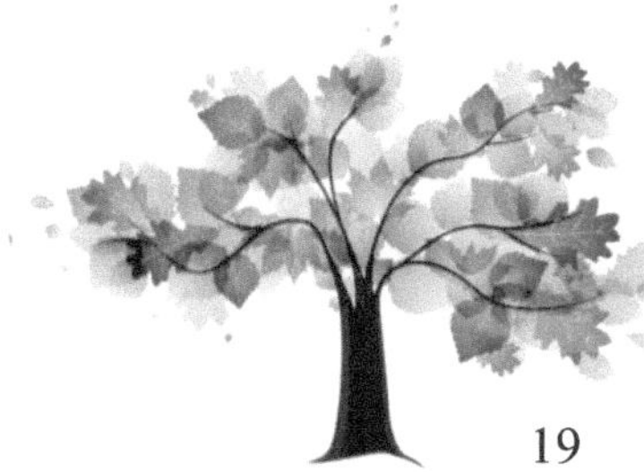

首四　酒歌

朔風秋原上
霜草牧馬汗帳內
舊情難相忘

流盡世間相思淚
且憑愁苦再一杯

首五　月歌

木落寒池上
華燈幾盞秋雲淡
夜深人獨望

波空朗月光流漫
夢裡他鄉又一年

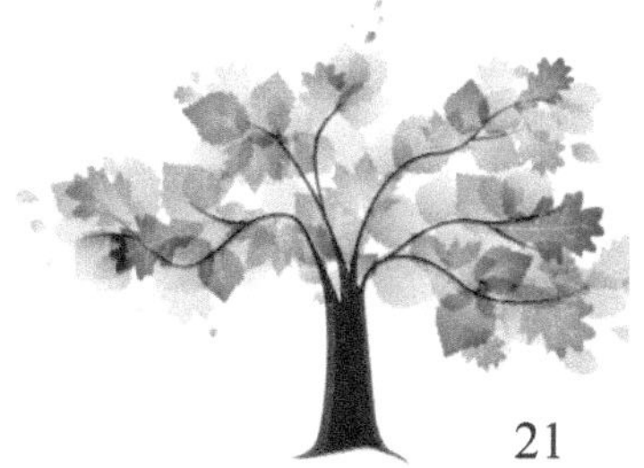

首六 歡歌

東風散青霜
爆竹聲裡百花遊
登橋望春江

漫天煙花落沙洲
喧囂漸寂人歸後

首七　雪歌

夜深人難寐
孤燈一盞常相伴
卻又增一歲

明月望盡寒江岸
雪羽輕旋落心田

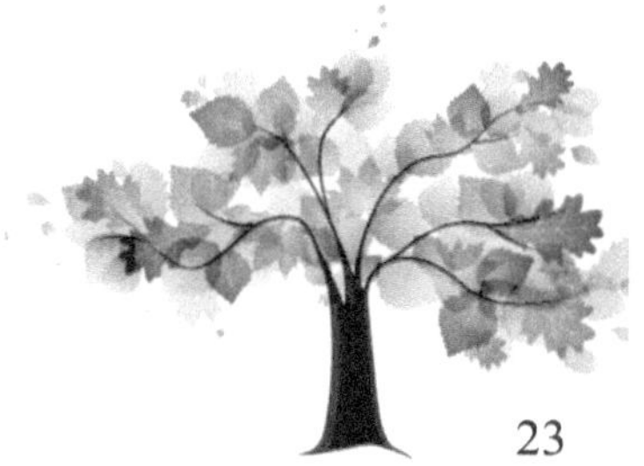

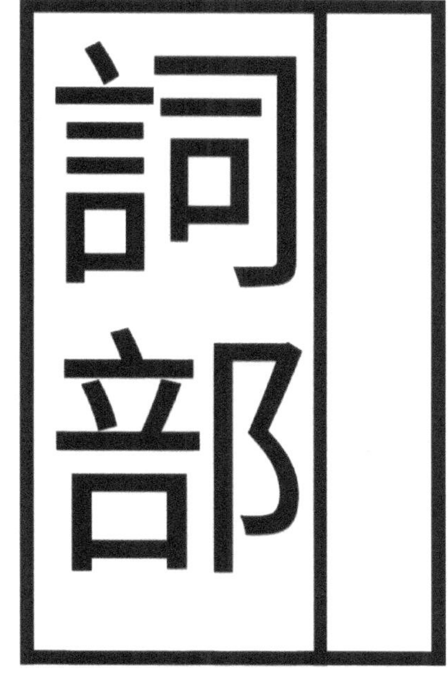

詞部

參以「白香詞譜」和「詞林正韻」兩書填之。

遵循古法，順承今時，巧搆形似，以應中華。

浣溪沙

首一

試問春光何處尋
青陽碎影繞花林
迷濛小醉漸情深

歲歲草長知往昔
年年花落到如今
東風不語正傷心

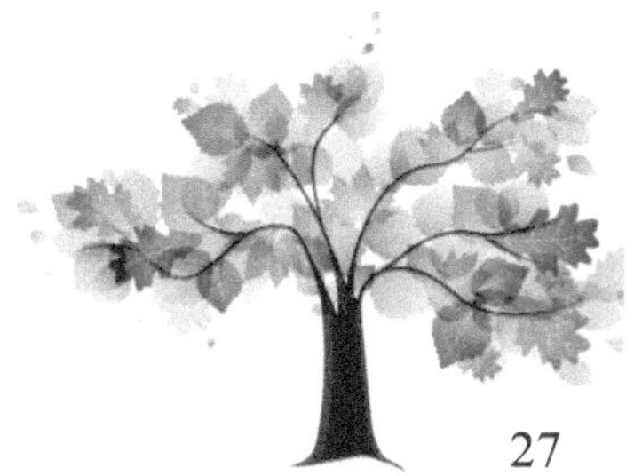

首二

小巷無人燈火殘
聽閒暮雨落清寒
秋風池上起波瀾

回首不堪將去處
徘徊往事亦無端
笙簫病酒唱平安

三首

淺紫暗紅花未名
煙雲幕柳畫門屏
東風幾度過廊亭

歲月延綿無止境
尋他無計遠將行
空留花落自飄零

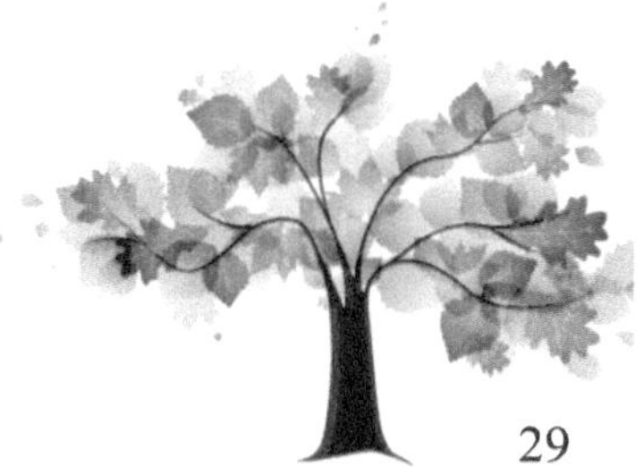

獨步東園驚鳥鳴
初荷日暖小西亭
葉旋池上幾零星

百轉千迴無計處
一心一意念心經
漪淪散盡是無情

五首

何處不知驚旱雷
櫻霜散盡碧魚池
一年又到暮春時

曾怨東風來已晚
而今花落雁紛歸
窗邊獨倚伴西暉

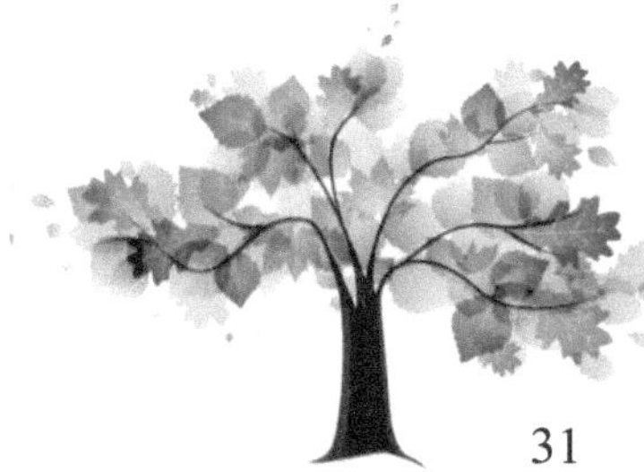

六首

白鹿穿林飲澧泉
玉蟾月上伴人眠
飛鶴萬里載雲船

東海龍吟傳岱嶼
西崑嘉會聚桃園
長生何必怨流年

七首

杳寂空山落碧雲
日昳暑躁雪香焚
酒酣興盡憶風塵

歲月恍惚心悵惘
情愁無限自溫存
夕陽留照夢中人

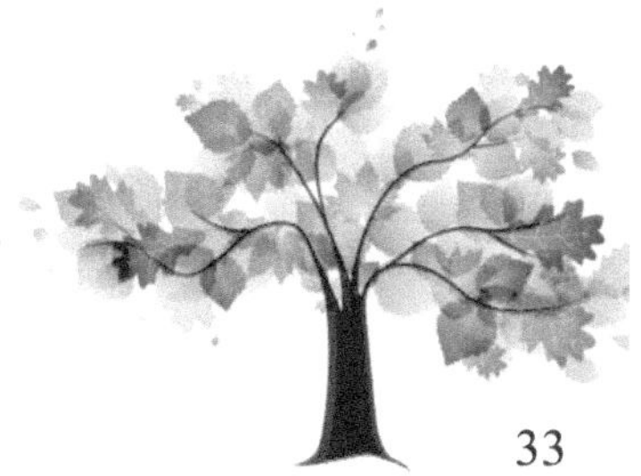

蝶戀花

首一　中正大學後山題記

白桂青塘天浩瀚

絕秀煙光

綠染江潭畔

百里春光何悵惋

逡巡醉夢知春半

雲日流光山綺煥

爛漫飛花

風去空消散

又是一年難了斷

明年知否花繚亂

首二

秋色殘涼人落寞
旋葉悠悠
窗外風交錯
輾轉經年知落魄
何時得練乘飛鶴

燈火不穿煙雨幕
最怕閒時
惆悵難揮霍
淺酒濃腸空作樂
望隔林月霜花落

小園寂寥殘日暮
移步驚寒
回首來時路
久待閒情無置處
消愁無計緣相誤

自古風流皆散去
空有華燈
月下明朱戶
夢裡桃花不盡數
一杯濁酒留春住

點絳唇

首一

曖昧冬陽
小林空淨人深省
不知光景
誤入無人境

八萬神明
不耐人間冷
蒼松嶺
雪華流影
山隱雲中靜

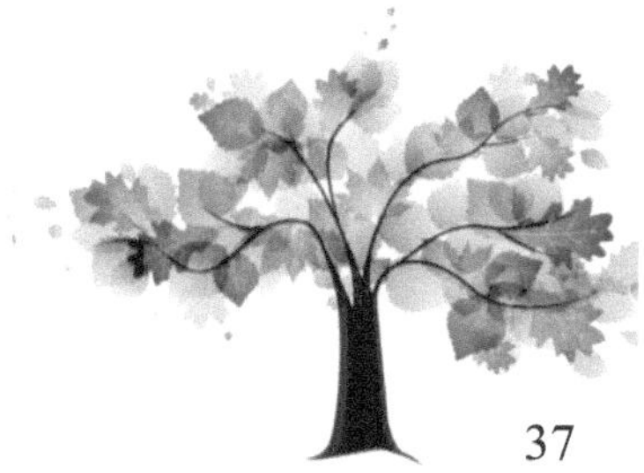

首二

暮雨連山
小寒初透難消受
落花時候
春去人依舊

且下江南
已是經年後
將回首
幾多歸咎
伴得西風瘦

首三

初點燈華
流雲薄暮街邊雨
落花無數
信步林中路

往事多情
今到無情處
春不住
且將愁苦
捎與風吹去

四首

霞映長雲
小園遊步驚沙鷺
晚風輕煦
年少應不負

孤雁殘花
不與春歸去
天色暮
夕陽無主
知落誰人處

臨江仙

首一

山遠風疏鳥寂
天高月朗雲輕
無人小徑滿春英
流連花盡處
陣陣暗香生

穹宇綴星熒爍
池樓映水燈明
鳴蟬伴與鳳笛聲
徘徊思舊故
唯有恨相迎

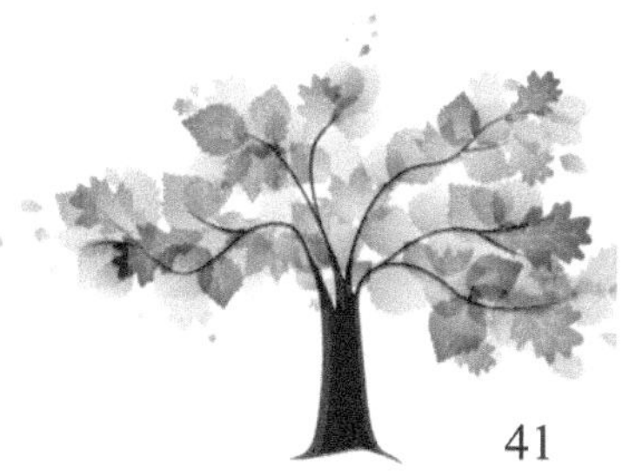

二首

昨夜風疏雲淡
一池春水輕寒
朱橋獨上倚欄杆
落花依水靜
明月照流年

今夜忽來風雨
水波初漫青蓮
窗邊獨坐自清閒
夜深聽雨落
零亂不成眠

如夢令

首一

滿地櫻霜殘霧
日晚柳風飛絮
歲月本無情
多少事非人故
留步　留步
又是一年春暮

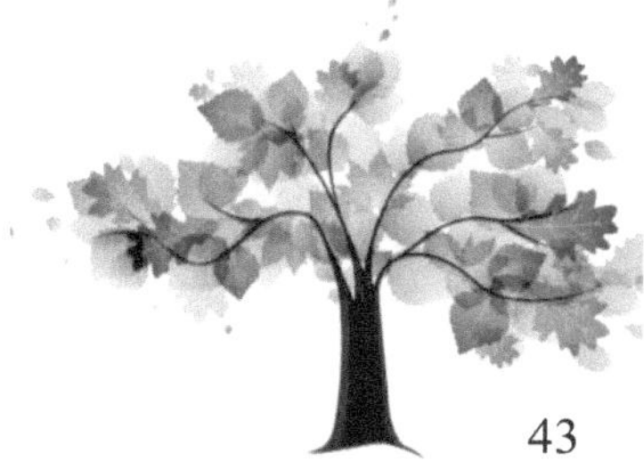

首二

雨後春花紛亂
日落青雲消散
輾轉不成眠
窗外月華流漫
難斷　難斷
誰願與愁相伴

西江月

日晚霞光天昊
人閒信步情遊
一輪寒月落洲頭
得照堤邊翠柳

山水不知傷惱
春花難遣情愁
繁華過盡又何求
迎面清風許久

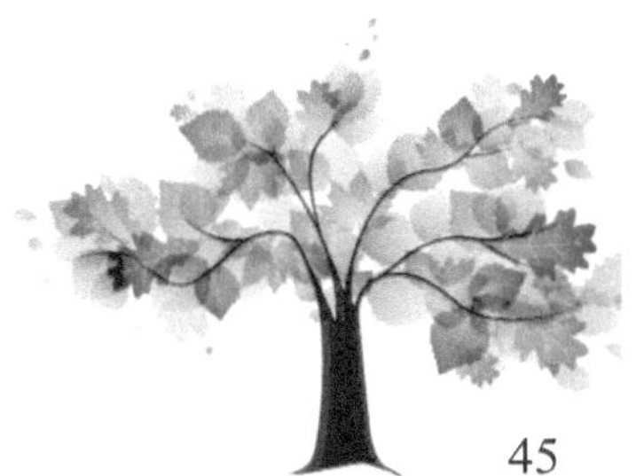

蘇幕遮

點丹唇 敷面素
久待閒情
君去春不住
且欲言愁空對訴
粉飾繁多
思念難流露

望西山 冬日暮
烈酒燒心
醉夢初相遇
可惜年華不再顧
雪似飛花
花滿歸鄉路

鷓鴣天　大理金頂寺題記

雙塔晴雷華首門
步登金頂見真純
清山幽寂含霜雪
苦水流長化氣雲

將日暮　又殘春
閒來無意轉經輪
不知往後情安在
惟恐修得心負人

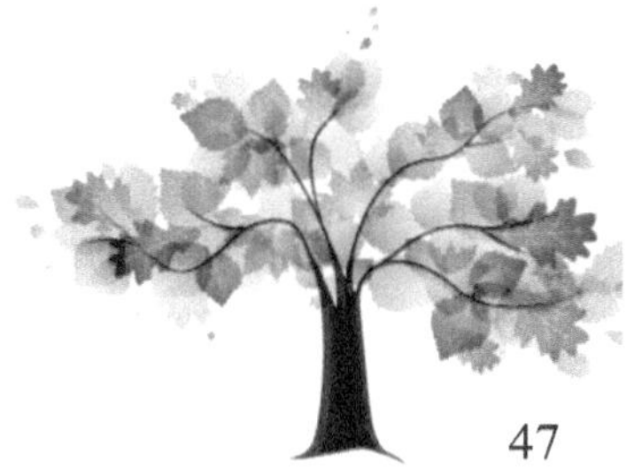

長相思

山漸涼　水漸涼
苦雨秋風送夕陽
離別人斷腸

來惶惶　去惶惶
來去情愁難自防
今年更漫長

落 花 集
The Poems of Transience

作　　　者／暮春歌人（Theodotus Young）
出版者／美商 EHGBooks 微出版公司
发行者／美商汉世纪数位文化公司
台湾学人出版网：http：//www.TaiwanFellowship.org
印　　　刷／汉世纪古腾堡®数位出版 POD 云端科技
出版日期／2019 年 11 月
总经销／Amazon.com（亚马逊 Kindle 电子书同步出版）
台湾销售网／三民网络书店：http：//www.sanmin.com.tw
　　　　　　　　三民书局复北店
　　　　　　　　地址／104 台北市复兴北路 386 号
　　　　　　　　电话／02-2500-6600
　　　　　　　　三民书局重南店
　　　　　　　　地址／100 台北市重庆南路一段 61 号
　　　　　　　　电话／02-2361-7511
　　　　　　　　全省金石网络书店：http：//www.kingstone.com.tw
中国总代理　／　厦门外图集团有限公司
地　　　址　／　厦门市湖里区悦华路 8 号外图物流大厦 4 楼
台湾书店购书专线　／　0592-5061658、6028707
定　　　价／新台币 450 元（美金 15 元／人民币 100 元）